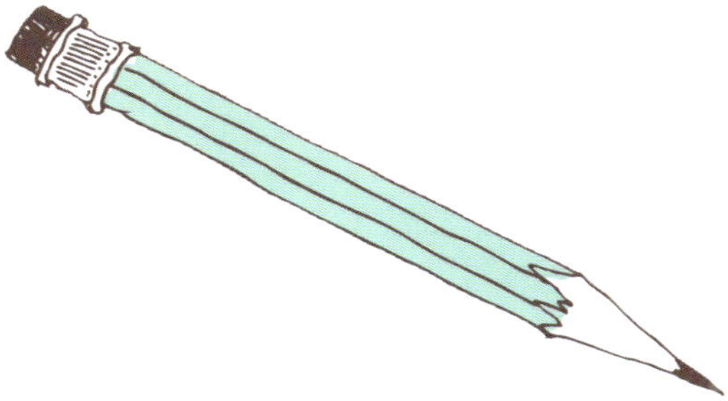

Christopher Hart

Lustige Figuren und Tiere MALEN AUS ZAHLEN & BUCHSTABEN

Schritt für Schritt zeichnen lernen

CV

Inhalt

Einfach zeichnen aus 1, 2, 3 und A, B, C!

Willkommen!

Hier kannst du lernen, wie du aus Zahlen und Buchstaben witzige Figuren für Cartoons und Comics zeichnen kannst. Mit etwas Vorstellungskraft wird aus der Ziffer 5 ein Dinosaurier und der Buchstabe A verwandelt sich in einen Roboter. Vor deinen Augen entstehen aus Buchstaben und Zahlen lustige Tiere, trottelige Typen und hübsche Mädchen. Ja, es ist Zauberei, nur mit einem Stift! Und du bist der Zauberer.

Ich zeige dir das alles in vielen einfachen Schritten,
sodass du problemlos die tollen Ergebnisse erzielen wirst,
die du hier siehst.

Wir beginnen jede Figur mit einer Zahl oder einem Buchstaben und fügen in jedem Schritt ein paar Linien hinzu. Wenn du mit deiner Zeichnung zufrieden bist, kannst du sie auch noch mit Farbe hervorheben. Bald schon wirst du jede Menge einzigartiger Wesen erschaffen. Lass uns anfangen!

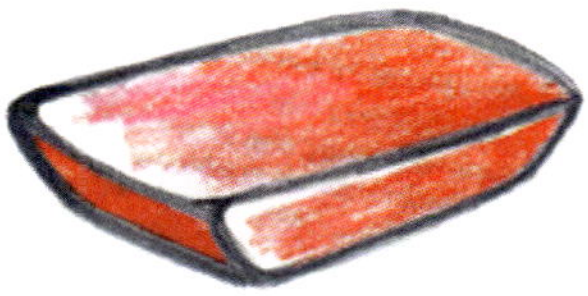

Viel Spaß!

Christopher Hart

Zahlen 1-9

Wenn du die Zahlen 1 bis 9 schreiben kannst, dann kannst du so gut wie alles zeichnen! Als Erstes lernst du dabei diese witzigen Tiere und coolen Typen kennen. Zeichnen kann magisch sein! Du brauchst nur einen Stift und deine Fantasie.

Lass den Zauber wirken!

Stelzvogel

Verwirrter Koala

Freundlicher Frosch

Entchen geht schwimmen

Sympathischer Teenie

Süße Mieze

Voll durch den Wind

Strahlendes Lächeln

Gefiederter Freund

„Das musst du hören!“

Der Hundeblick

Schnecke

Glucksender Bär

Ausgehfein

Osterhase mit Ei

„Nie kriegst du einen Menschen, wenn du ihn brauchst!“

Bär mit großer Nase

Fröhlicher Nager

Hund mit Schlappohren

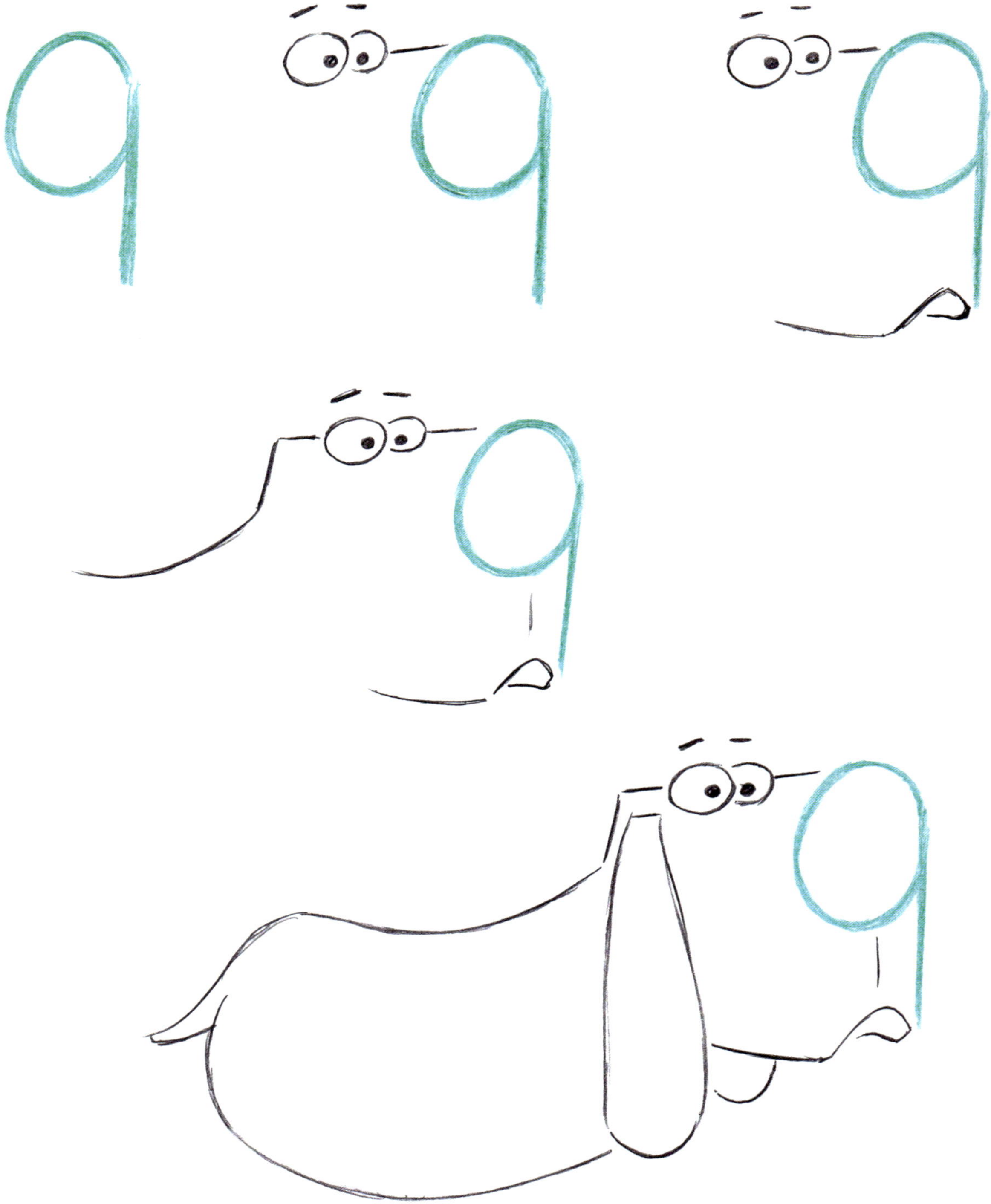

Zahlen 10–1001

Jetzt wird es noch ein bisschen spannender: Wir beginnen unsere Figuren nun mit zwei Ziffern. Du lernst, eine 10 mit wenigen Strichen in einen Vogel  zu verwandeln, die 20  wird zu einem kleinen Fisch und aus der 30 zeichnest du einen eindrucksvollen Bösewicht.  Dann finden wir heraus, was für witzige Figuren sich aus weiteren Zahlenkombinationen gestalten lassen. Die Möglichkeiten sind grenzenlos!

Vogel

Kleiner Fisch

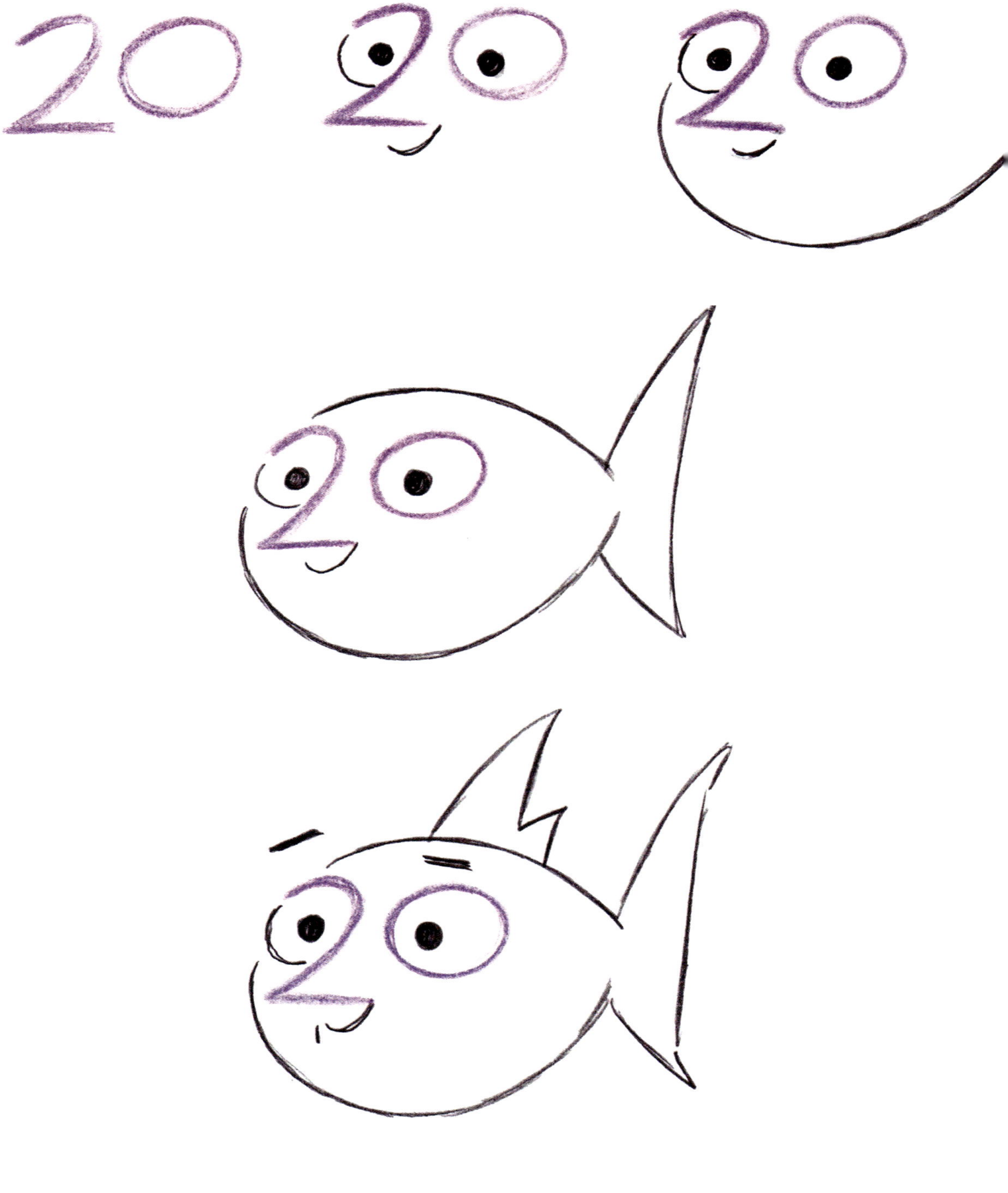

Bösewicht

Vergnügtes Äffchen

Krokodil

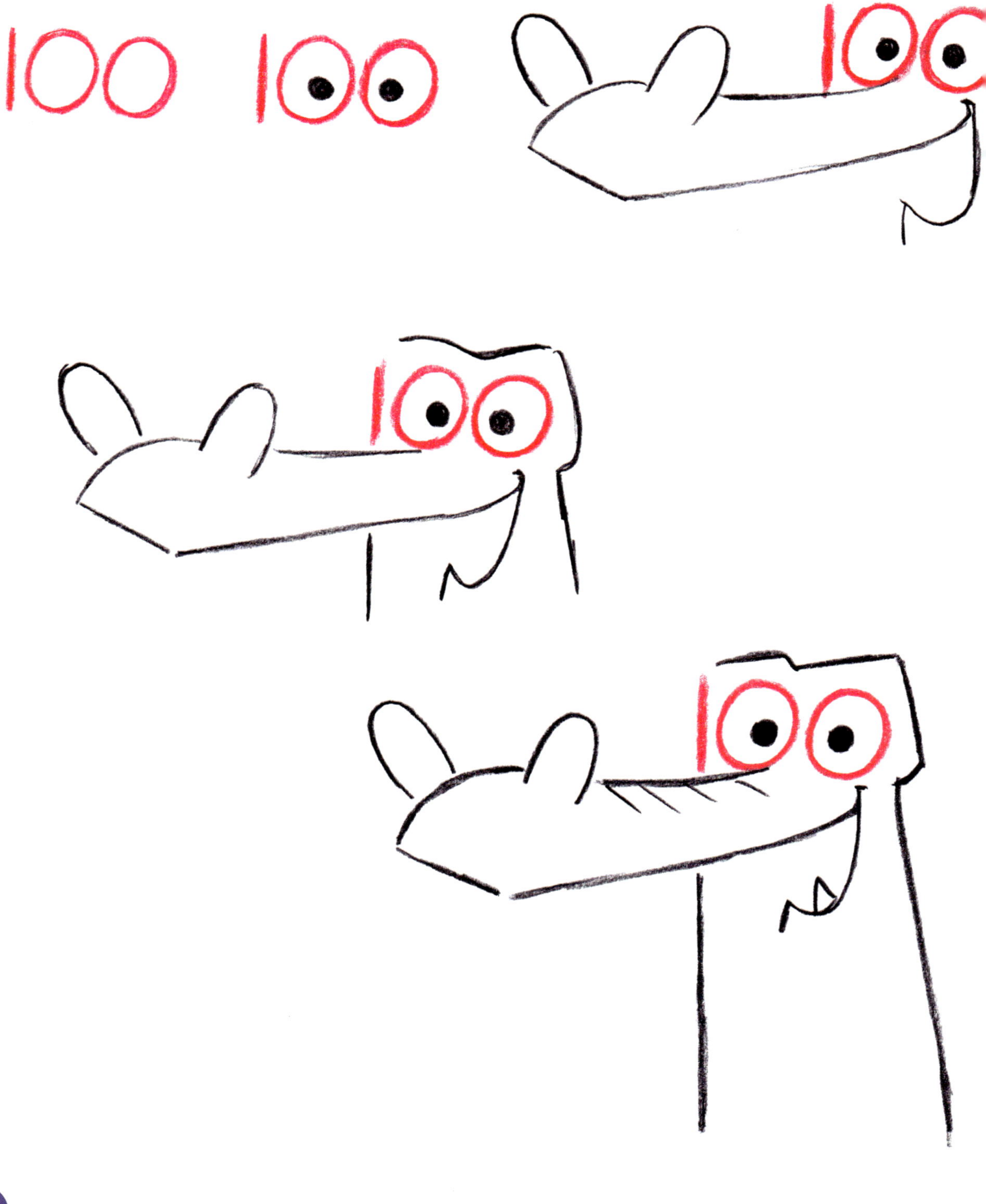

Krabbe

Huch!

Känguru-Mama und Kind

ZZZ

ZZZ

Elefant beim Spaziergang

Häschen mit Möhre

„Was meinst du damit, wir werden aussterben?“

Stachelschwein

Schräge Brille

Hechelndes Hündchen

Putziges Streifenhörnchen

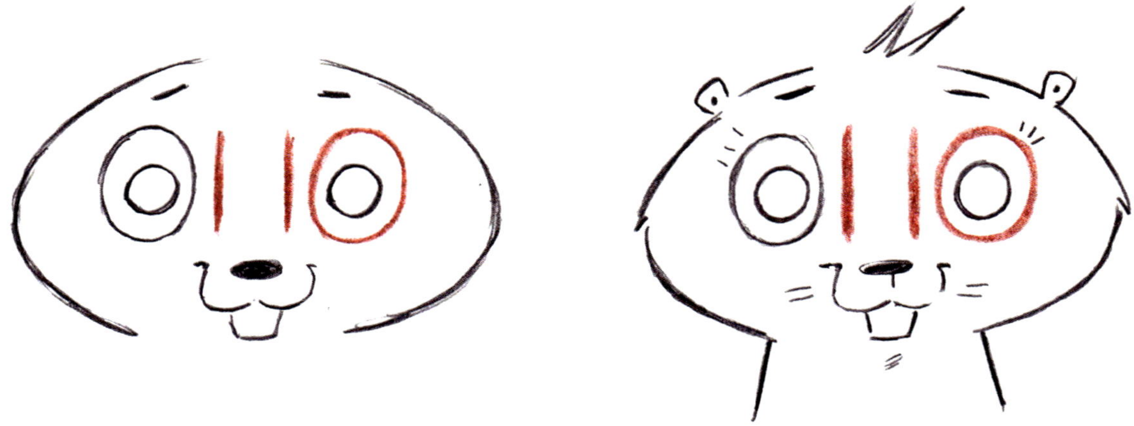

Hä? Was? Wer?

Waschbär

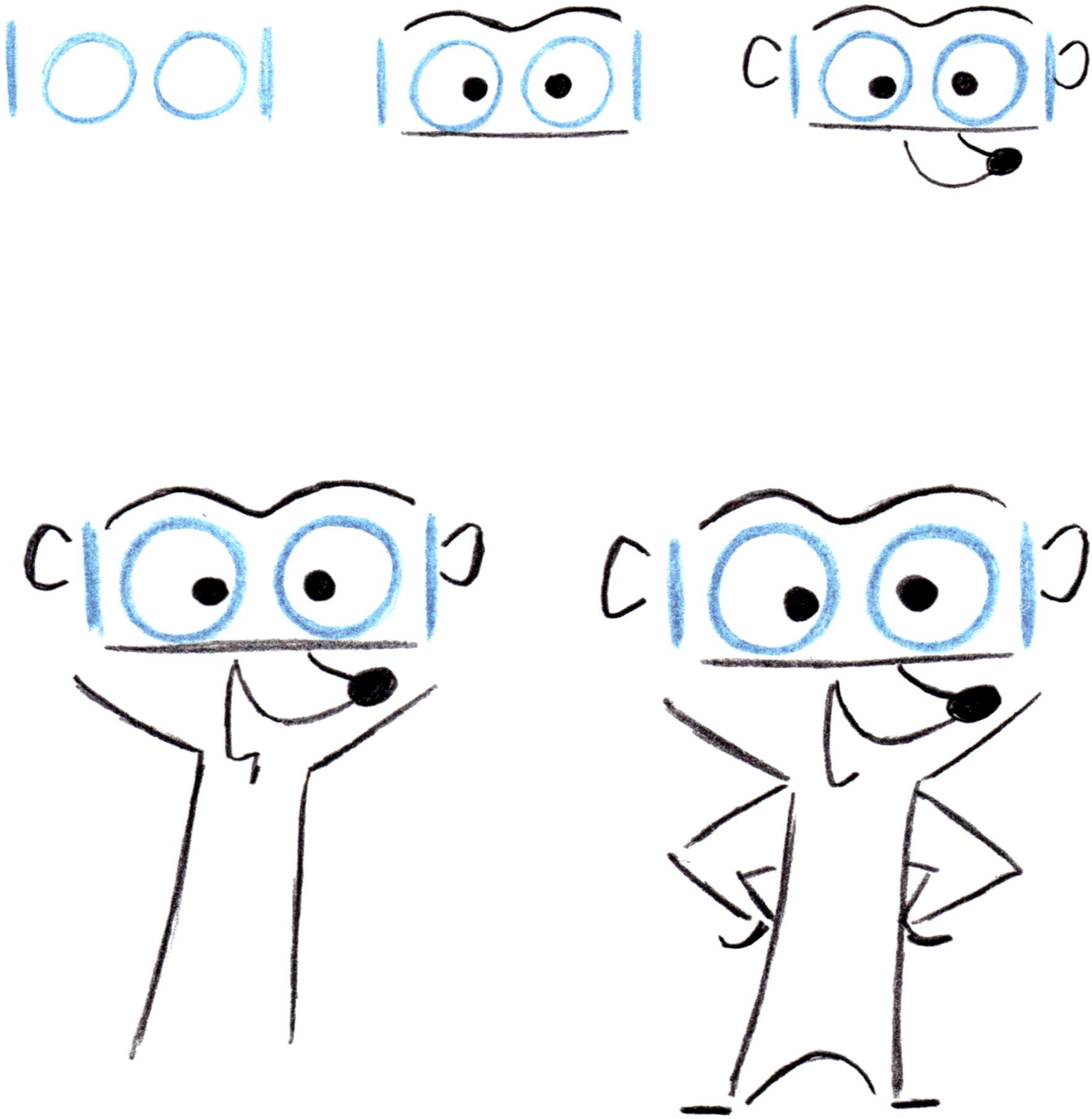

Von A bis Z

Du hast gelernt, einfache Zahlen in süße Tiere, witzige Menschen und andere Figuren zu verwandeln.

Nun machen wir das gleiche mit den Buchstaben des Alphabets!

Besuch aus dem Weltraum

Schnäppchenjägerin

Im Kampf für Gerechtigkeit

Cooler Typ

Hurra, es schneit!

B steht für Biene

Berater der Königin

Drolliger Drache

Spitzentanz

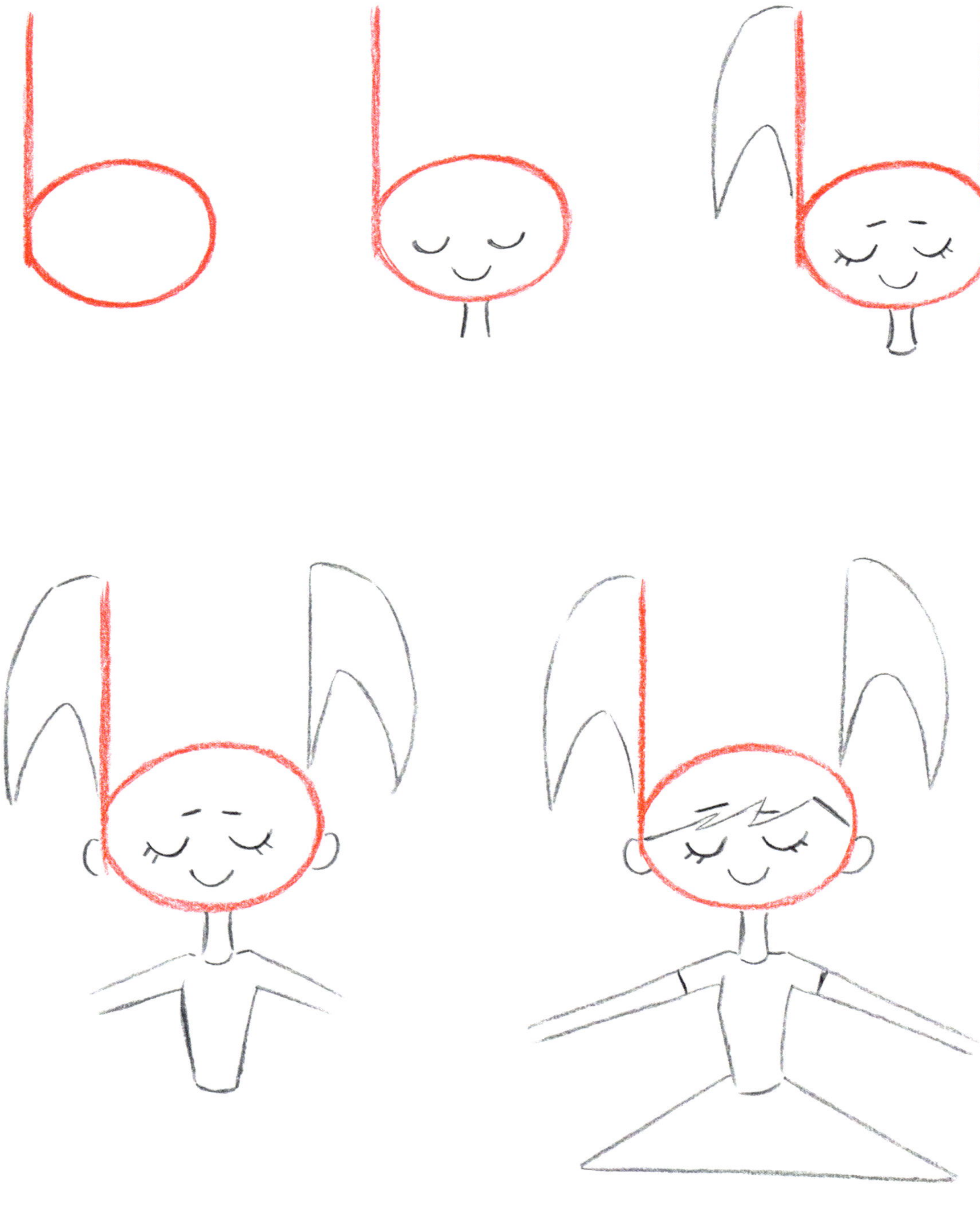

Führt nichts Gutes im Schilde

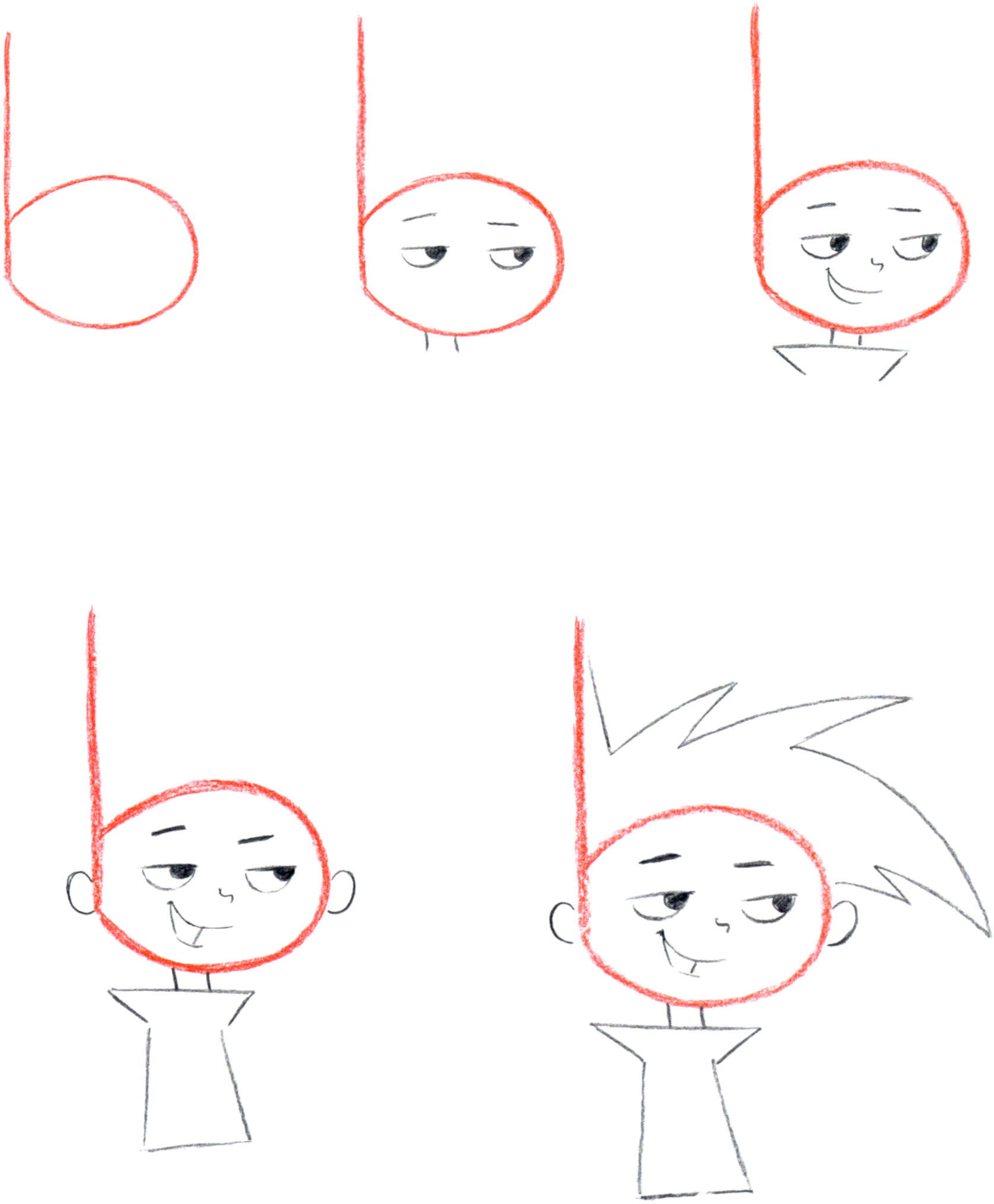

Schüchternes Mädchen

Geheimniskrämer

Ängstlicher Ritter

Schreckhafter Dinosaurier

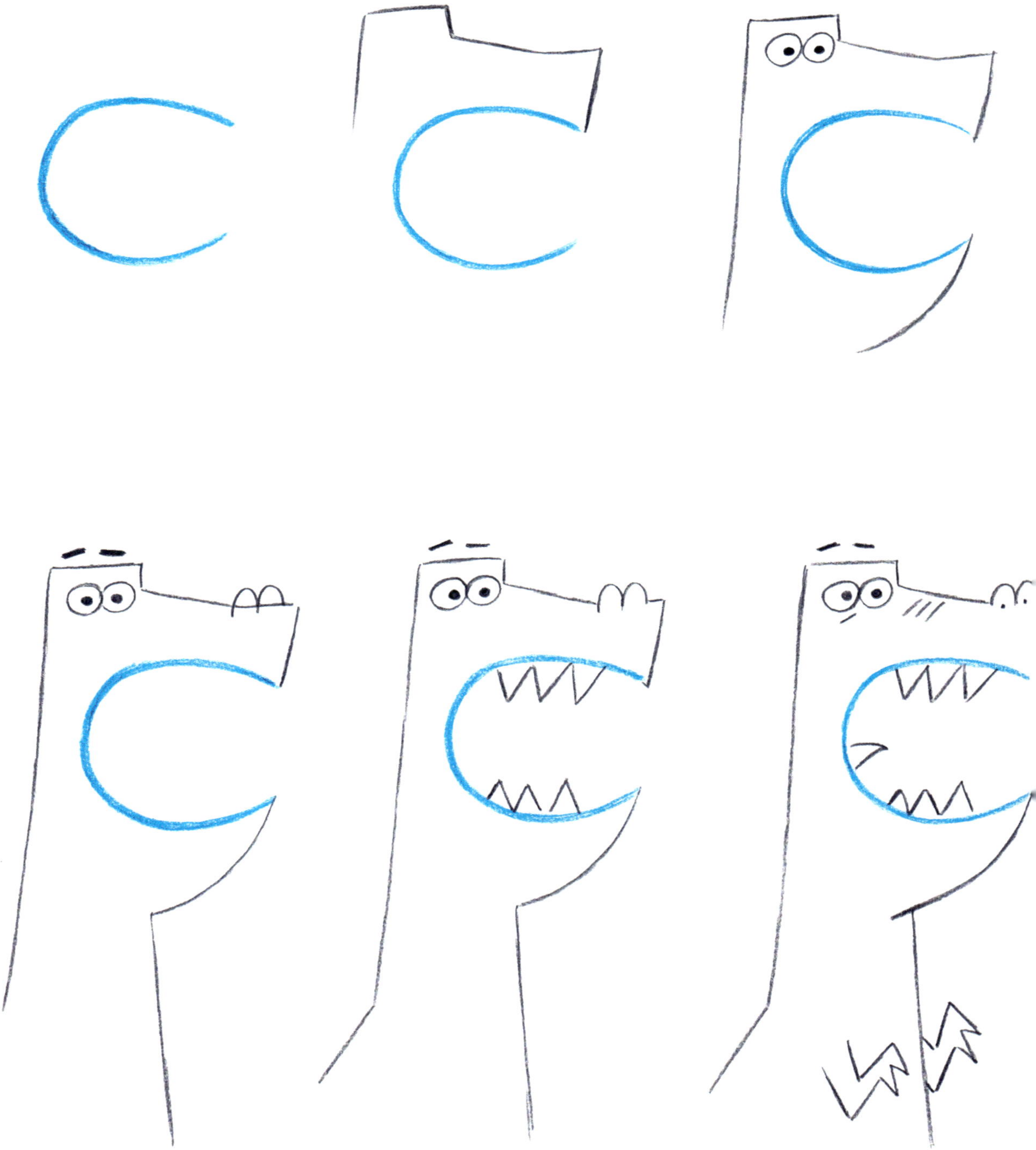

Miesepeter

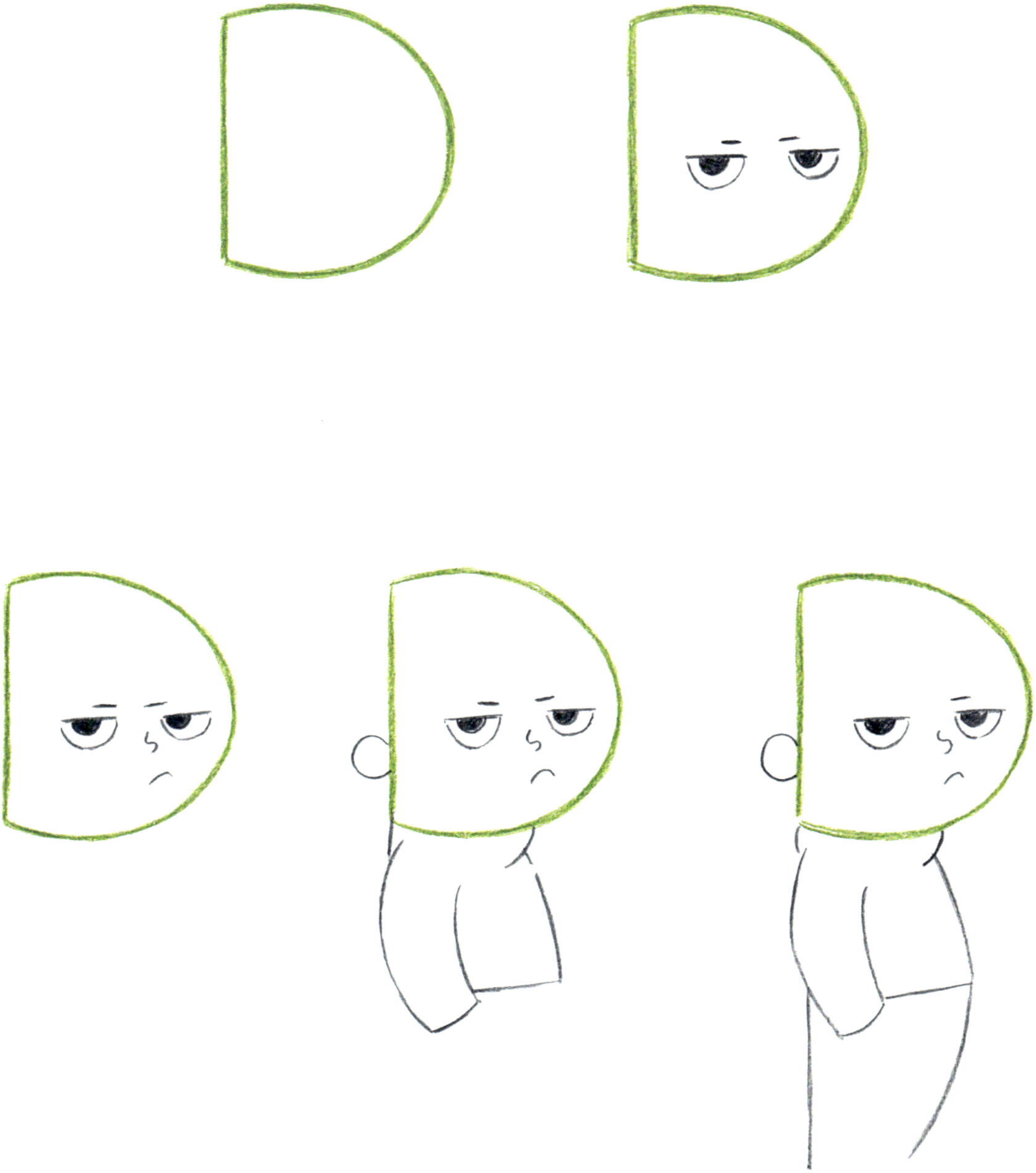

kleiner Marienkäfer

Passwort vergessen

„Krieg ich eine Umarmung?“

Schuldbewusst

Neu im Team

„Die Instrumente, bitte."

„Habe ich wirklich das Burgtor abgeschlossen?"

Sturkopf

überlegenes Lächeln

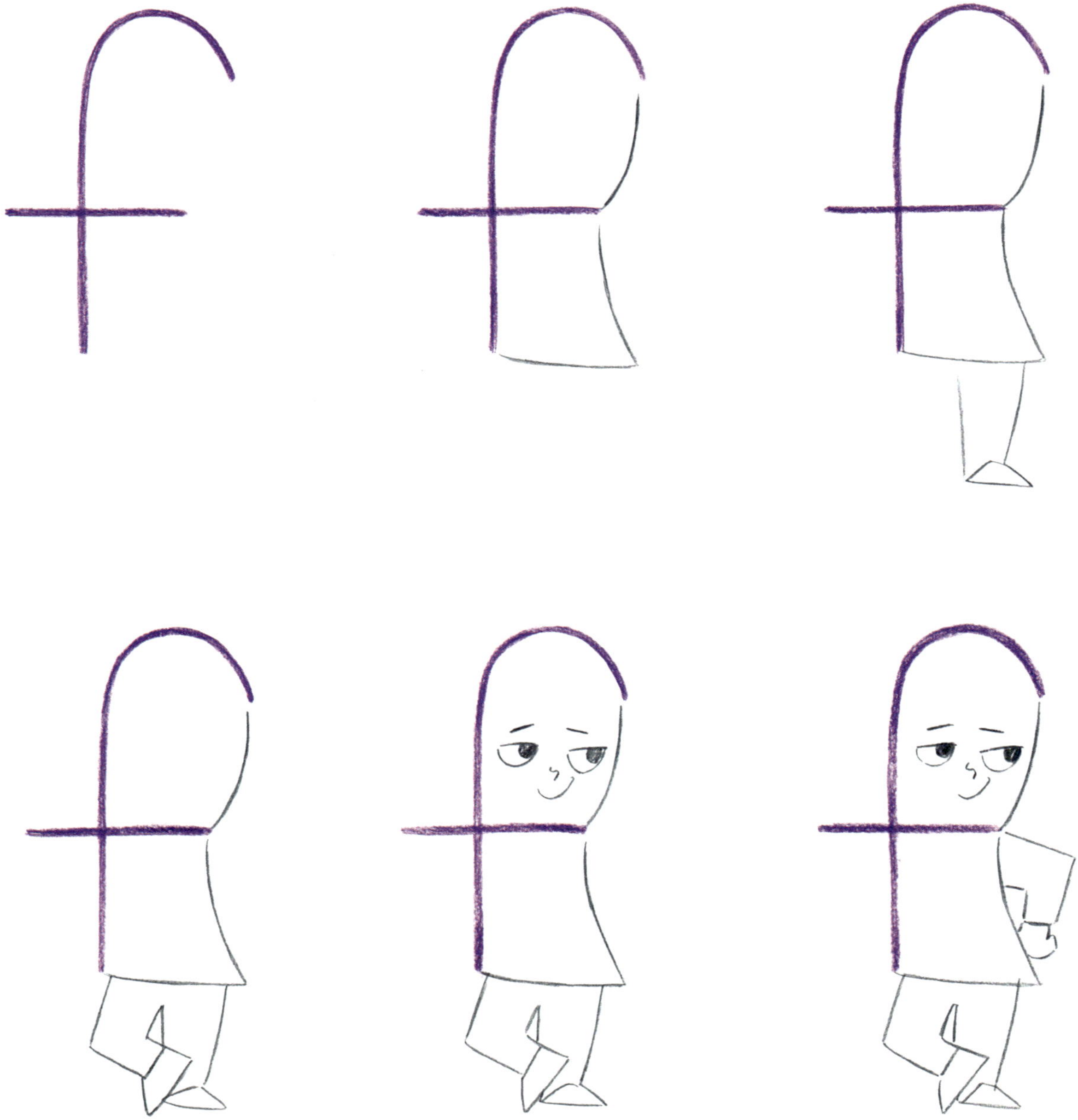

Sommerhut

„Die Speisekarte, gnädige Frau."

Zu weit rausgeschwommen

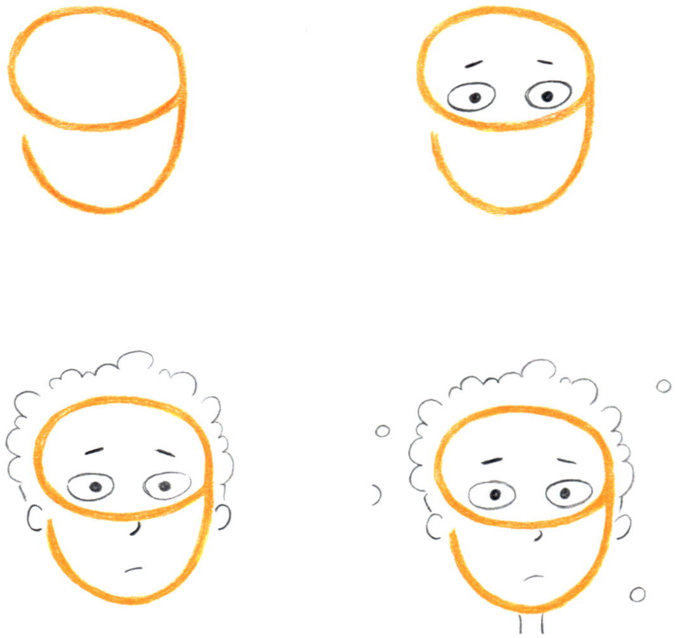

Was für ein Pferdeschwanz!

Im Freizeitlook

Besserwisser

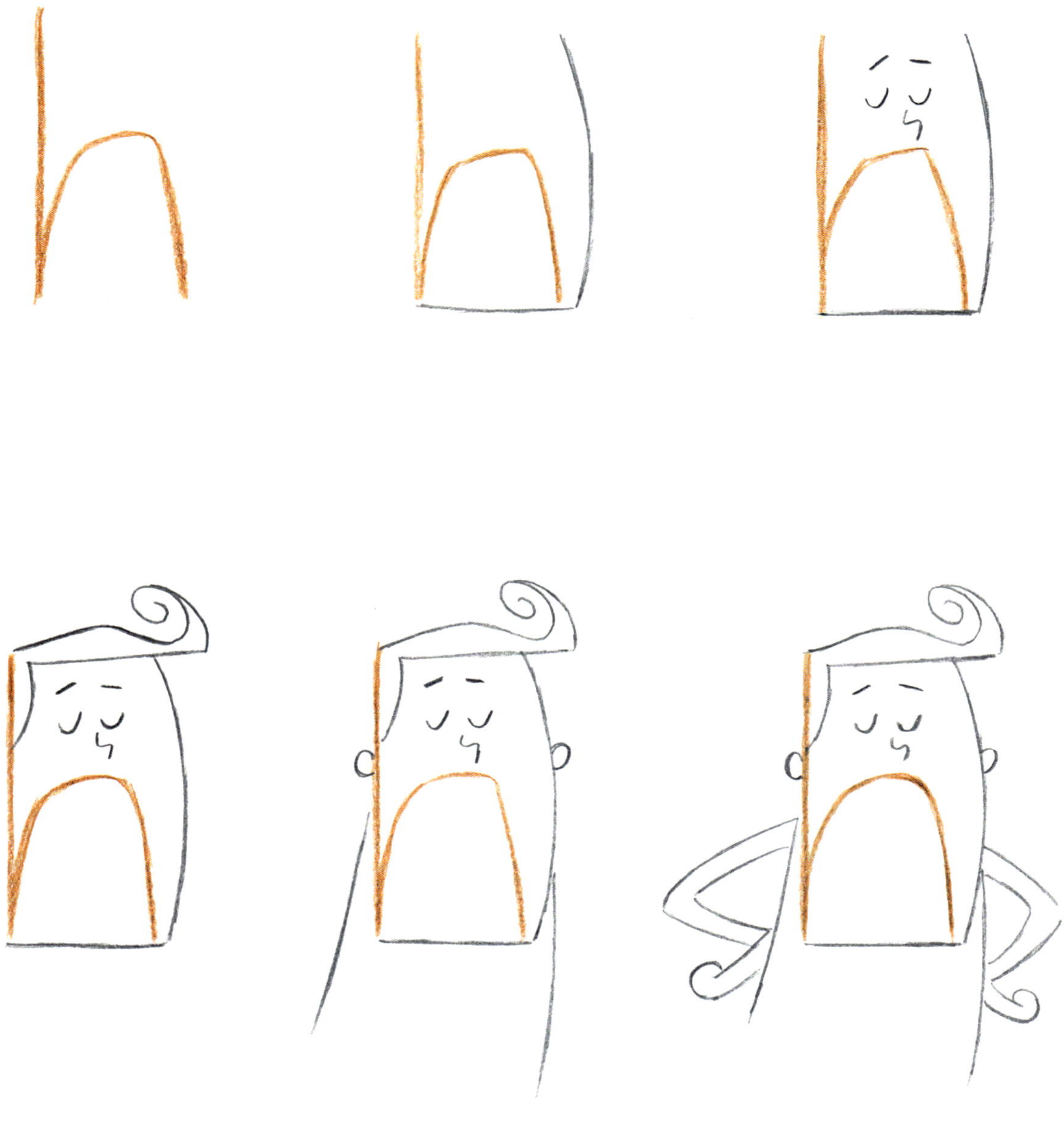

Stacheliger Typ

Mathe-Genie

Der General

So trendy!

Wer führt hier wen aus?

Völlig verdutzt

Der sportliche Typ

Geheimdiensteinsatz

Zeit fürs Bett!

Durchgeknallter Vampir

Spannender Unterricht

„Etwas Wichtiges vergessen?!"

Verlegenes Lächeln

Abzischen!

Der trottelige Typ

„Äääh?!“

Superspionin

„Wenn ich groß bin, dann …“

„Süßes oder Saures!“

Die neueste Haarmode

Morgenkaffee

Am Meeresgrund

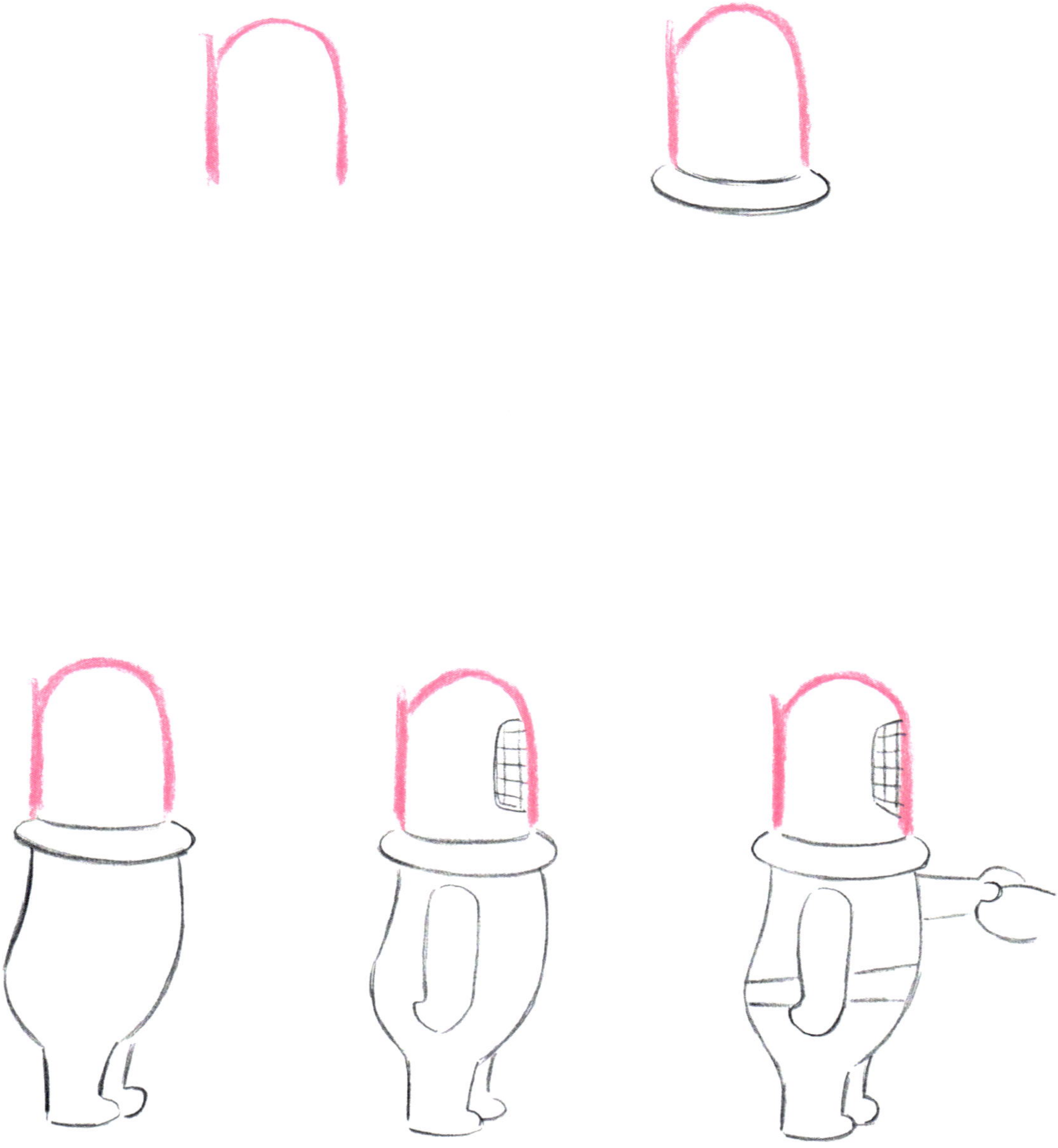

Hübsches Lächeln

Im Urlaub

Das Phantom

„Darf ich mitspielen?“

Undercoveragent

Klein und süß

Her mit den Bäumen!

Superschick

Verrückter Wissenschaftler

Er kann das Alphabet rülpsen

„Rosa steht mir gut."

Abschluss geschafft!

„Bis später!“

In geheimer Mission

„Ähm, wo stand noch das Auto?“

Kleiner Schlingel

Opernsänger

Das Großmaul

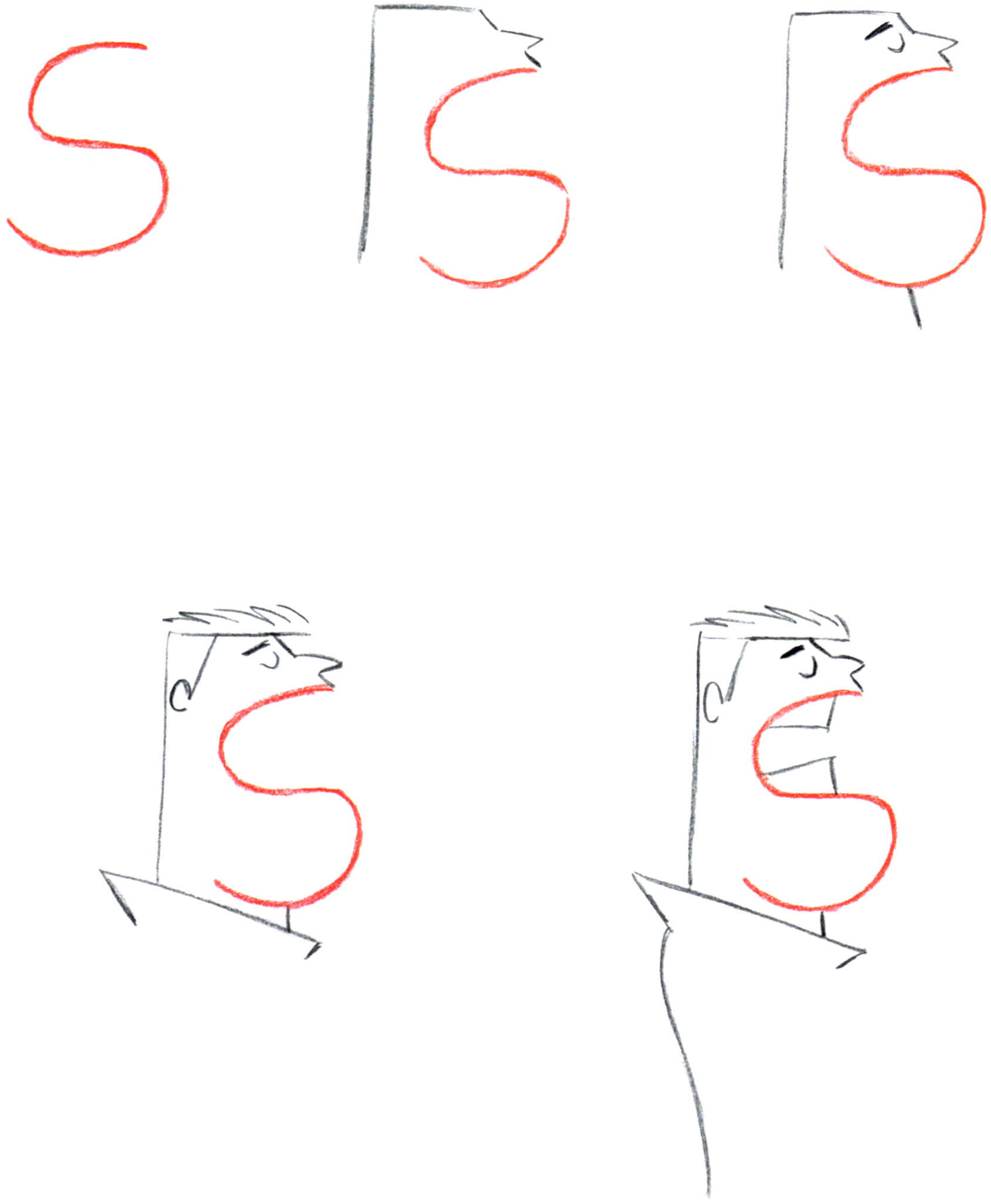

„Du bist raus!"

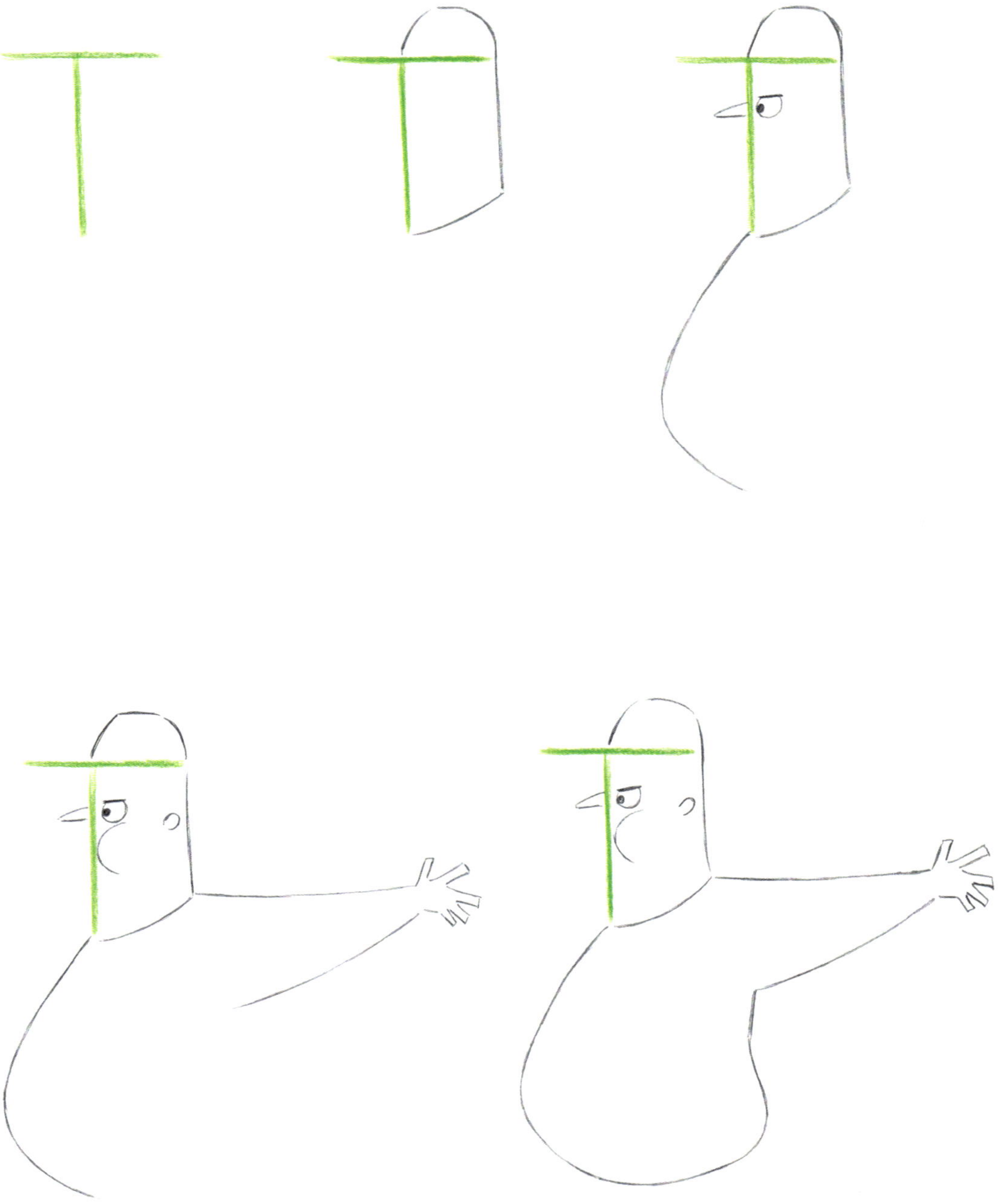

Typ mit Sonnenbrille

Genialer Einfall

„Willst du mich heiraten?“

Computerfreak

kleine Prinzessin

Glückwunsch dem Sieger!

Reite die Welle!

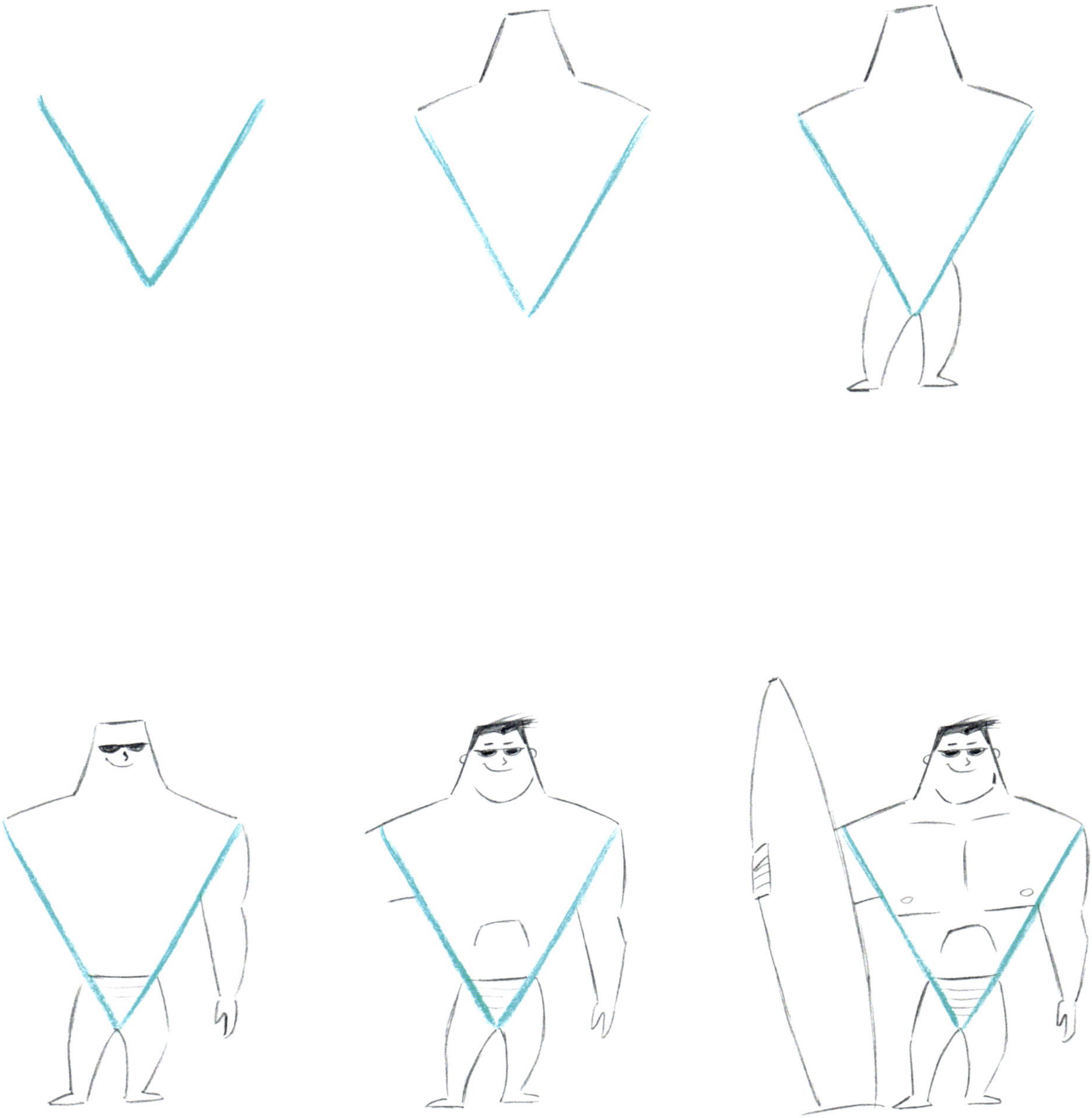

Breites Lächeln

Gutmütiger Papa

„Hallo, Schatz!“

Dämliches Grinsen

Protonenpower

Stadtbummel

Musterschülerin

Total verknallt

Studentin

Netter Kerl

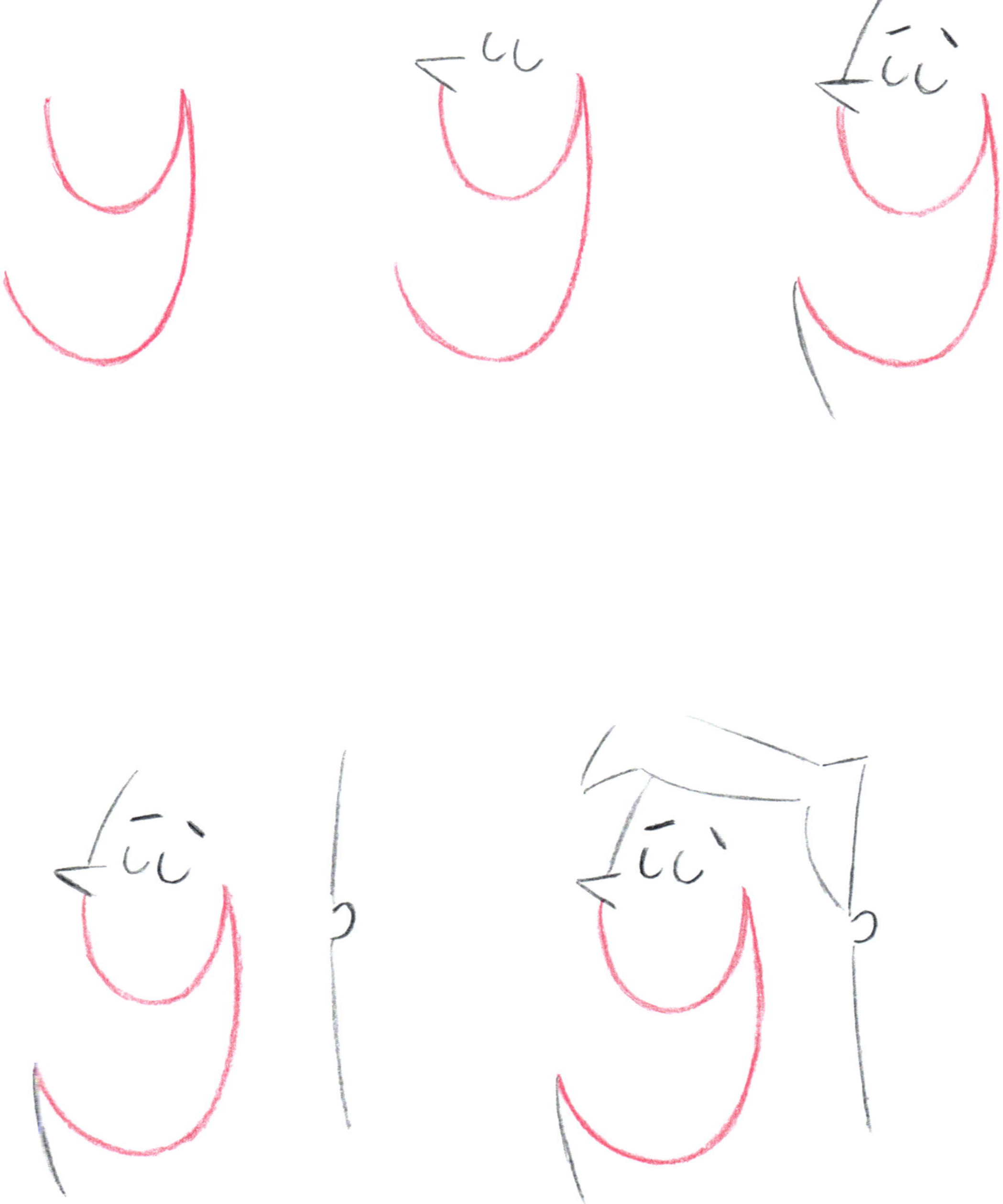

„Hat jemand mein Pferd gesehen?“

Richtig schlecht drauf

Scharfer Haarschnitt

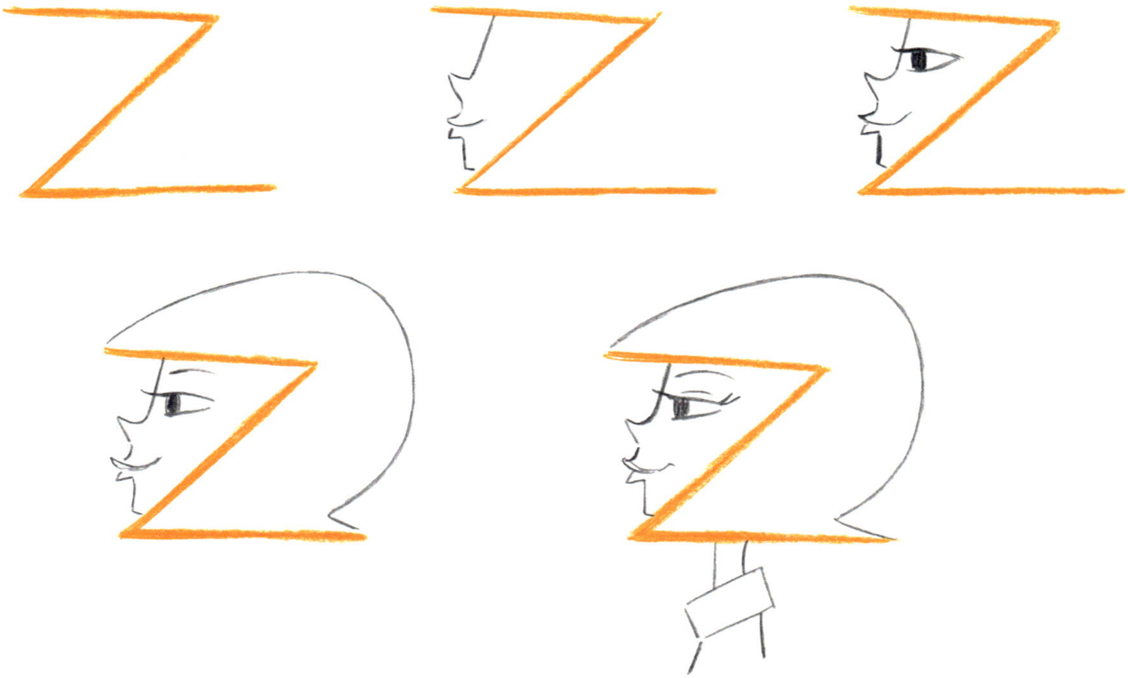

„Sehr erfreut!“

Impressum

Originalausgabe unter dem Titel
„Drawing Cartoons from Numbers and Letters"
(© 2020) erschienen bei:
Christopher Hart Books for KIDS, ein Imprint von:
Get Creative 6
19 West 21st Street, Suite 601, New York, NY 10010
Herausgeber: Pamela Wissman
Artdirector: Joe Vior

Für die deutsche Ausgabe:
Projektmanagement: Maria Möllenkamp
Übersetzung: Regina Sidabras
Satz: Silke Schüler
Umschlaggestaltung: Irina von Feury
Herstellung: Kathleen Baumann
Printed Slovakia by Neografia

In diesem Buch wird aus Gründen der besseren Lesbarkeit das generische Maskulinum verwendet. Weibliche und anderweitige Geschlechteridentitäten werden dabei ausdrücklich mitgemeint, soweit es für die Aussage erforderlich ist.

★ ★ ★ ★ ★

Sind Sie mit diesem Titel zufrieden? Dann würden wir uns über Ihre Weiterempfehlung freuen. Erzählen Sie es im Freundeskreis, berichten Sie Ihrem Buchhändler oder bewerten Sie bei Onlinekauf. Und wenn Sie Kritik, Korrekturen, Aktualisierungen haben, freuen wir uns über Ihre Nachricht an: Christian Verlag, Postfach 40 02 09, 80702 München oder per E-Mail an lektorat@verlagshaus.de.

Unser komplettes Programm finden Sie unter:

www.christophorus-verlag.de

Die Deutsche Nationalbibliothek verzeichnet diese Publikation in der Deutschen Nationalbibliografie; detaillierte bibliografische Daten sind im Internet über http://dnb.d-nb.de abrufbar.

ISBN 978-3-8411-0261-4

Ebenfalls erhältlich ...

ISBN 978-3-8388-3755-0

ISBN 978-3-8411-0233-1

ISBN 978-3-8411-0267-6

ISBN 978-3-8411-0268-3

ISBN 978-3-8411-0264-5

ISBN 978-3-8411-0265-2

www.christophorus-verlag.de